AMÉLIORATION

DU SORT

DES TRAVAILLEURS

AYANT POUR BASE

la Liberté du Travail et la Liberté des Associations,

Par **P. POCHET**,

CONDUCTEUR DES PONTS-ET-CHAUSSÉES, EN CONGÉ, ENTREPRENEUR
DE TRAVAUX PUBLICS.

---

*A chacun selon sa capacité, à chaque
capacité, selon ses œuvres.*

PRIX : 55 c.

NANTES,

IMPRIMERIE DE VINCENT FOREST,

PLACE DU COMMERCE, Nº 1.

—

1848.

AMÉLIORATION

DU SORT

DES TRAVAILLEURS,

AYANT POUR BASE

la Liberté du Travail et la Liberté des Associations.

A chacun selon sa capacité, à chaque
capacité, selon ses œuvres.

Depuis cinquante ans nous avons eu sept révolutions qui nous ont donné sept gouvernements différents. Tous ont fait plus ou moins de promesses ; mais tous ont mis en tête de leur Programme : *Plus d'Impôts, Liberté et Égalité pour tous*, enfin, amélioration du sort des classes laborieuses. Toutes ces belles promesses sont restées sans effet. Pourquoi ?

Parce qu'il n'a pas été proposé de projet réalisable, ou parce que les gouvernements ont été dans l'impossibilité de remplir les promesses si solennellement faites à la nation. Mais s'ensuit-il que la société n'ait pas eu de sympathie pour le sort des classes ouvrières, malheureuses ? Non certes, jamais la charité publique n'a fait plus

1848

que depuis 1850; les bureaux de bienfaisance, les salles d'asile, les crèches, etc., créés avec une louable émulation dans chaque ville, sont là pour l'attester au besoin.

Aujourd'hui ces secours ne suffisent plus, les habitants des villes sont seuls appelés à en profiter, il faut que les habitants des modestes chaumières, prennent part aux bienfaits de la République; il faut donc une nouvelle Organisation qui permette d'administrer, d'une manière plus avantageuse, le produit de la journée du travailleur; car si le manouvrier savait conserver pour les mauvais jours, le fruit du travail de la campagne d'été, il est évident pour tout le monde, que la misère serait moins grande.

Tous les hommes sont d'accord pour vouloir l'Organisation des travailleurs; elle est devenue une nécessité indispensable. Tous ceux qui se sont présentés aux électeurs pour briguer leurs suffrages, s'annonçaient comme de bons ouvriers, voulant coopérer à la formation d'une nouvelle société; mais sans programme arrêté, sans une idée qui puisse être discutée, de telle sorte que la société peut être inquiète d'ici qu'elle connaisse le résultat des délibérations de l'Assemblée.

Et, en effet, ne voyons-nous pas des publicistes distingués qui occupent les premières positions dans le Gouvernement Provisoire, prêcher des théories inadmissibles, qui, loin d'organiser, tendent à désorganiser le travail?

Ne voyons-nous pas tous les jours paraître des brochures pour l'instruction des ouvriers ; elles réclament :

Les unes, l'association des ouvriers avec les chefs pour le partage des bénéfices ; mais s'il y a perte ; ils n'en parlent pas, en sorte que l'ouvrier qui touchera tous les quinze jours, la part d'un bénéfice qui n'existe pas, tendra à avancer la ruine d'une industrie dont il est sociétaire.

Les autres veulent l'égalité des salaires. C'est un système qui dit au paresseux : tu auras autant que le plus laborieux, que le plus habile ; ainsi ne t'inquiète de rien ; fais-toi ivrogne si tu ne l'es pas, tu auras autant que le père chargé d'enfants. Est-il équitable d'établir l'égalité des salaires où il y a inégalité de travail, de mérite, de force et de besoins?

Nous devons dire que le bon sens des ouvriers a fait justice de ces utopies. Pas un ne veut l'égalité des salaires. — *Tous demandent une amélioration à leur position, ils ne savent pas comment réaliser ces améliorations ; c'est là le mal.* C'est donc à ceux qui les emploient le plus, qui connaissent leurs besoins, leurs tendances, à fournir des documents à l'Assemblée Nationale, pour arriver à une solution avantageuse.

Depuis 1830, soit comme conducteur des ponts-et-chaussées, soit comme entrepreneur, j'ai constamment eu des rapports avec les ouvriers de toutes les professions ; j'ai pu apprécier leurs positions, étudier leurs besoins et les moyens qui contribueraient à améliorer leur sort. — C'est dans ce but que je vais tracer quelques idées tendant à améliorer leur bien-être et à arriver à une solution.

Pour obtenir un résultat, il faut :

> *La Liberté absolue du Travail* ;
> *La Liberté d'Association.*

A chacun selon sa capacité, à chaque capacité selon ses œuvres, comme par le passé.

Sortir de là serait fausser la liberté proclamée.

Il faut donc opérer sur ces principes pour réaliser le but de tous ceux qui veulent améliorer le sort des travailleurs.

J'ai toujours été de ce nombre et tous mes vœux ont constamment tendu vers ce but.

Je croirai donc avoir rendu un immense service à mes compatriotes, si je parviens à donner un résultat qui réalise tout à la fois :

L'amélioration du sort des classes ouvrières, sans que la société en souffre.

Une ressource à l'État, qui lui permette de diminuer les impôts sur les choses de première nécessité, sans être obligé d'en créer d'autres qui pourraient être injustes.

Par mon système j'ai l'espoir d'obtenir :

1° Un fonds de retraite pour les infirmes et ceux qui auraient atteint cinquante ans d'âge.

2° Un fonds de secours pour les veuves et pour les orphelins, jusqu'à l'âge de quinze ans.

3° Un fonds destiné à l'entretien d'hôpitaux qui seraient établis dans chaque canton.

4° Un fonds de réserve pour les ouvriers sans travail.

5° Enfin des Caisses d'Épargnes cantonnales, qui permettent aux travailleurs de déposer telle somme qu'ils jugeront convenable et de les retirer dans le lieu où ils se trouveront.

Division de l'Administration du Travail.

Ce travail se divise :

1° En celui à effectuer aux frais de l'État par les administrations de la Marine, des Ponts-et-Chaussées, du Génie et des Bâtiments Civils;

2° En celui qui concerne l'Industrie;

3° En celui qui a rapport à l'Agriculture.

Ces trois branches de travail bien distinctes,

emploient les ouvriers chacune suivant ses besoins ; c'est par elles que je désire arriver à la justification de mon système.

1° des travaux à effectuer aux frais de l'État.

Aujourd'hui, pour les travaux exécutés par l'administration de la Marine, les entrepreneurs doivent baser leurs calculs de telle sorte qu'ils trouvent 5 p. % qui sont affectés à la caisse des Invalides. — C'est-à-dire que s'ils croient pouvoir faire 5 p. % de rabais, ils n'en feront pas, attendu qu'il est dit dans leur devis, qu'il sera prélevé 5 % du montant de ces travaux.

Eh bien ! il faut qu'à tous les travaux commandés par l'État on ajoute 5 p. % pour la Caisse des *Invalides du Travail.* Ces 5 p. % formeront le p emier fonds de retraite.

Mais, pour que le travailleur comprenne bien que, si la société veut son bien-être, il faut, qu'à son tour, il sache bien appliquer ce précepte : *Aide-toi, le Ciel t'aidera.* Il sera fait une retenue de 6 p. % sur le salaire de tous les travailleurs célibataires et de 4 $\frac{1}{2}$ p. % sur celui des hommes mariés et qui ont des enfants.

3 p. % de ces retenues seront affectés à la masse des fonds de retraite pour les premiers.

1 $\frac{1}{2}$ p. % de la retenue des hommes mariés, seront également affectés à la masse des retraites.

Les 3 p. % restants seront divisés :

En 1 $\frac{1}{2}$ p. % pour les secours des ouvriers sans travail.

En 1 $\frac{1}{2}$ p. % pour les hôpitaux cantonnaux.

2° Des travaux de l'Industrie.

Dans l'industrie, le consommateur paierait les 5 p. %, laissés dans le premier cas à la charge de l'État, pour la Caisse des Retraites. Les retenues sur le salaire des ouvriers seraient opérées de la même manière.

Il est cependant juste de graduer cette retenue, afin que les industriels, pas plus que les consommateurs, ne soient effrayés de cette augmentation de 5 p. %, qui, du reste, ne devra pas durer longtemps, comme nous le verrons bientôt.

A toutes les factures l'industriel ajoutera 5 p. % pour la Caisse des *Retraites du Travail*, pour les sommes comprises entre *un franc* et *cinq mille fr.*

4 p. % aux factures de cinq mille à vingt mille francs.

3 p. % pour toutes les sommes au-dessus de vingt mille francs.

3 p. % seulement pour tous les produits exportés.

Plusieurs industriels pourraient me reprocher de proposer une espèce *d'inquisition* de l'industrie; qu'ils se rassurent. Je ne veux pas qu'ils aient besoin de faire connaître leurs livres d'achat des matières premières, mais simplement celui des factures à livrer, et on percevra sur le résultat de ce livre.

Il en sera de même de la retenue des ouvriers. A la fin de chaque feuille de paye, on mettra 6 p. % de retenue pour les retraites, secours et hôpitaux. Ces retenues seront perçues comme les impôts directs. Cependant, comme en industrie, l'usage est de ne payer qu'à 6 mois, les 5 p. % ne seront exigibles que par semestre, et les 6 p. % à la fin de chaque mois.

Ces perceptions seraient arrêtées par des commissions gratuites qui seraient en rapport avec le percepteur.

On objectera que la perception de cet impôt serait difficile, presque impossible, à cause de la difficulté de savoir quels seraient les produits qu'il faudrait frapper des 5 p. %.

Ces difficultés peuvent être facilement tranchées; mais pour lever toute fausse interprétation, voici un nouveau moyen de perception :

Le fabricant paiera 5 p. % en sus du salaire des travailleurs pour remplacer les 5 p. % à prélever sur les produits, c'est à lui ensuite à s'arranger pour le faire payer par le consommateur.

3° Travail Agricole.

Les travailleurs agricoles sont généralement les moins bien rétribués ; mais, comme ils sont nourris, couchés, blanchis par les propriétaires, ils dépensent moins que les ouvriers qui sont obligés de tout acheter et de conserver à leur charge les frais de déplacement. D'un autre côté, mon désir est de diminuer, autant que possible, le prix des denrées alimentaires ; pour cela il faut peu charger d'impôts le producteur.

Je propose donc d'opérer ainsi :

Le loyer d'un laboureur ou domestique, prix moyen, par an............... F. 160 »

Sa nourriture est estimée à... 140 »

300 »

5 p. % en sus de la somme de 300 fr. seront payés par le propriétaire, le fermier ou le rentier qui emploierait le travailleur, pour être appliqués au fonds de retraite.

6 p. %, dont 3 pour les fonds de retraite et 3 pour les hôpitaux et caisses de secours, seront prélevés sur le salaire de ces domestiques.

Les *ouvrières* et *domestiques* seront aptes à recevoir le livret au même titre que les hommes; seulement, la retenue qui leur sera faite étant filles, leur sera remboursée avec les intérêts, à titre de dot, si elles viennent à se marier avec des travailleurs porteurs de livrets, et si elles renoncent à la retraite déterminée par ces retenues.

Caisses d'Épargnes.

Comme complément des réserves faites pour le bien-être présent et pour l'avenir, des caisses d'épargne cantonnales seront établies chez chaque percepteur.

Jusqu'à présent, les caisses d'épargne établies dans les villes n'ont reçu que les dépôts des habitants de ces villes; mais les travailleurs voyageurs et les habitants des campagnes n'ont jamais pu y placer; les premiers, parce qu'ils ne trouvent pas toute facilité de retirer les sommes placées, au moment de leur départ; les autres, parce qu'ils étaient trop éloignés, et qu'ils ne veulent pas se déranger le dimanche.

Pour faciliter ces dépôts, des caisses d'épargne seront établies dans chaque canton. Ces dépôts à la caisse d'épargne seront versés en compte-courant chez le percepteur. L'Etat sera responsable du capital et des intérêts.

Les travailleurs seront porteurs d'un titre, dont il sera parlé plus bas, qui leur permettra de retirer le dépôt qu'ils ont fait dans quelque endroit que ce soit.

Ainsi, s'il a déposé 100 fr. à la caisse d'epargne d'un des cantons de la Loire-Inférieure, il pourra retirer capital et intérêts dans un canton des Bouches-du-Rhône, quelques jours après, s'il s'y trouvait.

De cette manière, le travailleur trouve un moyen de ne pas dépenser inutilement son argent, et de se conserver une ressource dont il peut disposer dans les pays où l'ont appelé le désir de s'instruire, de voyager ou de travailler.

Prévision pour le Travail.

Pour que les travailleurs sachent où se diriger lorsqu'il n'y a plus de travail dans un centre, il y aura des bureaux qui seront chargés :

De correspondre avec les entrepreneurs compris dans un rayon de trente lieues ; ces derniers feront connaître s'ils ont besoin d'ouvriers, ou s'ils sont obligés d'en congédier, faute de travail.

Le même moyen sera employé pour la catégorie de l'industrie.

Pour l'agriculture, les bureaux seront tenus à la mairie de chaque commune. Le propriétaire sera obligé de faire connaître le nombre d'individus qu'il emploie. Le dimanche, il fera savoir au bureau s'il a besoin de nouveaux ouvriers, ou s'il est obligé d'en congédier.

De cette manière, l'ouvrier sans travail n'aura qu'à se présenter au bureau, il sera assuré de savoir s'il pourra ou non être employé dans la commune ou dans le canton; mais, dans tous les cas, il perdra peu de temps pour chercher du travail.

Titre du Travailleur.

Un livret est remis à chaque travailleur.

Il porte en tête de la première page le code qui régit le travailleur; en face, ses noms et prénoms, le lieu de sa naissance, son âge, s'il est ou non marié, le nombre de ses enfants.

Les feuilles suivantes sont destinées à recevoir : dans une première colonne, mois par mois, les lieux que le travailleur a parcourus; la deuxième, le nom des personnes chez lesquelles il a travaillé; la troisième, les jours de travail par mois;

La quatrième, les causes qui l'ont empêché de travailler ;

La cinquième, les sommes reçues ;

La sixième, les sommes résultant de retenues, 6 % ;

La septième enfin, les sommes placées aux caisses d'épargne cantonnales.

Une colonne serait réservée pour les primes d'encouragement que je désirerais que l'on accordât aux travailleurs qui auraient le mieux rempli leur mission. Cette prime, qui varierait suivant les cas, serait prélevée sur la caisse des secours. Elle donnerait droit à une retraite proportionnelle plus élevée, fixée par une commission.

Ce livret serait le passeport du travailleur, sa garantie, sa propriété ; et comme le travailleur laisse des traces dans tous les centres où il passe, il serait facile de recomposer ce livret, s'il venait à être perdu ; mais, dans tous les cas, une peine serait infligée à celui qui perdrait son livret.

Réglement des Retraites.

Je l'ai dit plus haut, le travailleur porte constamment son titre, son livret ; c'est sur les retenues qui y sont inscrites que le montant de la retraite sera basé ; mais avant il faut distinguer le genre de travail du porteur du livret , pour régler d'une manière équitable cette retraite.

Ainsi, les personnes qui travaillent constamment dehors sont sujettes à des chômages forcés que n'ont pas celles qui sont occupées dans les ateliers ; d'un autre côté, elles prennent plus de peine, s'usent plus vite et gagnent moins. — Il est donc équitable de leur donner une part proportionnelle plus large qu'aux premiers.

Dans cette catégorie, je place :

Les mineurs, les terrassiers, les maçons, les tailleurs de pierre, les couvreurs, les charpentiers, et enfin tous ceux qui n'ont d'autre atelier que les champs, d'autre toit que le ciel.

Le temps voulu pour obtenir la retraite maximum est de 20 ans de travail pour les mineurs, de 30 ans de travail pour les terrassiers, les maçons, tailleurs de pierre, couvreurs et charpentiers, etc., et pour les femmes ; de 30 ans pour les travailleurs de cabinet, et de 35 ans de travail pour tous les autres.

La retraite sera fixée sur la retenue de 6 p. % portée au livret, et égale au produit de cette somme par le coëfficient trente-deux centièmes.

Cette base sera appliquée pour les salaires et appointements, qui varieront de telle sorte, que la somme des retenues 6 p. % de ces sommes donne de 400 fr. à 3,000 fr.; de cette manière, les travailleurs auront un intérêt marqué à voir la retenue portée sur le livret augmenter, pour obtenir une plus forte retraite. Or, si ces retenues augmentent, c'est que les salaires et appointements augmenteront proportionnellement.

Le minimum de la retraite sera de 120 fr.; en cas d'insuffisance dans les retenues, la République y pourvoirait.

Lorsque les retenues auront atteint 3,000 fr., et entre cette somme et 6,000 fr., le coëfficient de la retraite diminuera proportionnellement à l'augmentation des sommes des retenues jusqu'à 0,28; de 6,000 fr. à 10,000 fr., le rapport au coëfficient décroitra jusqu'à 0,25.

Dans le cas où un travailleur viendrait à être estropié, pour blessures reçues par suite de son travail, et qui le mettraient dans l'impossibilité de continuer, il n'en recevra pas moins sa retraite, comme s'il avait atteint les 50 ans d'âge. — Si la blessure ne le privait que d'une partie de ses facultés, il recevrait un secours à titre de rémuné ration des forces qu'il aurait perdues. — Si les blessures venaient de toute autre cause, il ne recevrait rien.

Ces trois cas ne seraient admis, du reste, que sur le rapport d'une commission médicale instituée à cet effet.

La retraite sera de droit reversible sur la tête de la veuve :

1° En totalité, si elle a des enfants en bas âge;

2° Des deux tiers, s'il n'y a pas d'enfants, et lorsque les retraites sont calculées sur les sommes de 400 à 3,000 fr.;

3° Des six dixièmes, lorsqu'elles sont calculées sur les retenues de 3,000 à 6,000 fr.;

4° Enfin de moitié, lorsque les retraites sont calculées sur les retenues de 6,000 à 10,000 fr.;

La retraite sera de droit reversible sur la tête des orphelins en bas âge :

1° En totalité, jusqu'à l'âge de quinze ans, époque où ils doivent avoir terminé leur apprentissage, où ils sont capables de gagner leur vie;

2° S'il y a plusieurs enfants, elle décroîtra de la partie afférente à chaque enfant qui aura atteint sa quinzième année;

3° Elle cessera lorsque les enfants auront tous atteint quinze ans, parce qu'alors ils seront tous aptes au travail et à recevoir un livret.

De plus, tous les enfants de pères porteurs de livrets, dont les retraites seront fixées sur les chiffres de 400 à 1,000 fr., seront reçus dans les écoles primaires, industrielles, de dessin, etc., créés aux frais de la République.

Du reste, il est juste d'exiger des instituteurs communaux des connaissances plus étendues qu'on ne l'a fait jusqu'à ce jour, attendu que leur position pécuniaire devra s'améliorer d'une manière sensible, par les appointements attachés à leur place d'instituteur, par ceux de chef du bureau des prévisions du travail, institué dans chaque commune.

Résultat et époque à laquelle les 5 %, devront être supprimés.

Les 5 p. % fournis par l'Etat dans le premier cas, par l'industrie dans le deuxième, et par les agriculteurs dans le troisième, sont particulièrement affectés aux fonds de retraites, ainsi qu'à l'établissement des hôpitaux cantonnaux ; je dois donc, autant que possible, faire connaître à quelle époque cet impôt devra cesser. Malheureusement, je n'ai pas de documents qui me fassent connaître le nombre des ouvriers employés en France, et les produits de l'industrie.

Je vais donc opérer sur une base restreinte,

celle des ouvriers que j'ai employés en 1846, sur une partie du chemin de fer de Tours à Nantes, aux portes de cette ville.

Pendant six mois, j'ai eu 900 à 1,100 ouvriers de tous les états. Ces ouvriers ont gagné *moyennement* 2 fr. 50 par jour ; mais comme en hiver ils gagnent moins, soit un prix de 2 fr. 10 par jour.

Sur les 365 jours qu'il y a dans l'année, il faut déduire, pour le chômage occasionné par les pluies, ou cas de force majeure, 125 jours. Il reste 240 jours de travail à 2 fr. 10, soit 504 fr.

Ces travailleurs peuvent être appelés à recevoir un livret dès l'âge de 15 ans, et à verser à la caisse des retraites à cet âge. Ils peuvent travailler jusqu'à l'âge de 55 ans, soit 50 seulement ; différence, 35 ans de travail. Mais comme il faut compter les infirmités avant cet âge, qu'il faudra accorder la retraite à beaucoup avant qu'ils n'aient atteint 35 ans, je prends la moyenne de 30 ans de travail. Si l'on prend pour base 1,000 travailleurs, le trentième de 1,000 sera le nombre de travailleurs mis à la retraite par an, soit 34 (1).

---

(1) Les chefs d'ateliers, les chefs d'industrie, pourront prendre des livrets donnant droit à des retraites, qui les mettront à l'abri du besoin, en versant, pour la formation des caisses, 6 % d'une somme qu'ils fixeront et qui servira de base pour la retraite.

Les 1,000 travailleurs que j'ai pris pour terme de comparaison ont gagné...... ... .. 504 fr.

Les 6 p. % par an de cette somme sont de 30 fr.; et pour 30 ans, terme moyen pris plus haut, de........ 900

La retraite serait donc de 900 f,., multipliés par 0,32 288
____

Et pour 34 travailleurs, de....... .9,792 fr.

Il faut donc trouver une somme dont le revenu annuel puisse faire face à cette dépense, dans 14 ans, époque présumée à laquelle les retraites seront régulièrement réparties de 34 sur 1,000 individus.

Il faut aussi trouver la masse des capitaux nécessaires pour la création d'hôpitaux cantonnaux.

La population cantonnale est moyennement de 10,000 individus. Sur ces 10,000 citoyens, 800 au plus demanderont asile à l'hôpital en cas de maladie; dans cette dernière portion, il y en aura au maximum $^1/_{12}$ de malades, soit 70.

C'est donc un hôpital de 70 à 80 lits qu'il faudrait construire.

Les dépenses en acquisition d'un hectare de terrain et des constructions peuvent être

estimées à. . . . .   15,000 fr. (1)
  80 lits et lingerie.   18,000
  Administration.   2,000

Dépense totale pour chaque hô-
pital cantonnal. . . . .   35,000 fr.

Nos dépenses sont donc de 35,000 fr. pour la première année, plus de 9,792 fr. pour les retraites au moment où le réglement fonctionnera.

Quelles sont les ressources? les voici :

Je ferai remarquer que je vais opérer ici sur le salaire des ouvriers, tandis que 5 p. % pris en sus des travaux de l'administration, et les 5 p. % sur les produits fabriqués dans l'industrie, constituent une différence en augmentation de plus de 20 p. %.

Je tiendrai donc compte d'une faible partie de cette différence dans mon appréciation.

J'ai dit plus haut que le salaire moyen de mes ouvriers, par an, était de 504 fr.; pour 1,000 travailleurs, il sera de 504,000 fr.

Les 5 p. % versés par l'Etat, par l'industrie et par l'agriculture, sont donc de.   25,200 fr.

Admettant seulement 2 p. %

---

(1) Bien entendu qu'il n'est question que de la construction des hôpitaux cantonnaux, et nullement de ceux des villes.

Report............	25,200 fr.	» c.
pour la différence d'opérer sur les salaires, au lieu d'opérer sur les produits...........	10,080	»
3 p. % versés par les travailleurs..............	15,120	»
	50,400 fr.	»
Frais de perception et des bureaux de prévision du travail.	4,400	»
Reste net par an.	46,000 fr.	»
Les dépenses des hôpitaux prélevées sur les recettes de la première année....	35,000	»
Reste pour la caisse des retraites de la 1re année	11,000 fr.	»
La 2e année, déduction faite des frais de l'administration..	46,000	»
	57,000 fr.	»
Intérêt de la 2e année	2,850	»
Pour la 3e année, perception................. ...	46,000	»
	105,850 fr.	»
Intérêt de la 3e année....	5,297	11
Pour la 4e année, versement.	46,000	»
TOTAL pour la 4e année..	157,147 fr.	50 c.

Comme je l'ai dit plus haut, ce réglement ne pourra recevoir sa complète exécution que dans quatorze ans, attendu que jusqu'à ce jour il n'a été fait aucune retenue aux ouvriers, et qu'alors ils n'ont droit qu'à des secours.

Au bout de quatre ans, la caisse de 1,000 travailleurs sera de 157,147 fr. 50 c., hôpitaux construits.

Dix ans plus tard, cette somme sera portée, par les intérêts qu'elle produira, à 157,147 fr. 50 c. multipliés par 1 fr. 55 c . . . 243,578 fr. 62 c.

qui donneront un revenu annuel de. . . . . 12,178 fr. 93 c.

Les retraites à distribuer ne seront que de. . . . . 9,792 »

Reste. . . . . 2,586 fr. 93 c.

qui viendront ajouter aux retraites des veuves et des orphelins.

A ces résultats, il faut ajouter 1 ½ p. % pour l'entretien des hôpitaux pendant quatre ans. Mais ensuite les 3 p. % qui ont aidé à former la masse des retraites viennent former le fonds nécessaire pour les hôpitaux et les réserves de secours pour les ouvriers sans travail.

4 p. % seront affectés aux hôpitaux, ce qui fera, en admettant un douzième de malades, 252 fr. par malade. — Or, dans les hôpitaux des petites villes

il est reconnu que les dépenses, par individu, ne dépassent pas 0 fr. 70 c. par jour, et pour 365 jours 255 fr. 50; la somme de 252 francs est donc suffisante (¹).

Quant aux secours réduits à 2 p. %, ce qui fait, en admettant 1/12 d'ouvriers sans travail, 125 fr. pour chacun, je pense également qu'ils sont en rapport avec les besoins.

Résumé.

J'ai annoncé que je n'avais pas la prétention de donner un travail achevé. Les documents me manquent, et, pressé de produire mon *idée*, je n'ai pas le temps de me les procurer.

Mais, si incomplet que soit ce travail, il se trouvera à l'Assemblée Nationale assez d'hommes dévoués à leur pays pour le comprendre et le développer, si besoin est. — J'ai donc foi dans son avenir.

Et comment en serait-il autrement ?

Il détruit complétement le paupérisme.

Il assure le bien-être à tous les travailleurs, quels qu'ils soient, pour le présent comme pour l'avenir, puisqu'ils peuvent compter sur une retraite convenable.

---

(1) Il n'est question ici que des hôpitaux cantonnaux, ceux des grandes villes restent avec leurs ressources; mais elles augmentent parce qu'ils ne recevront plus que les malades de la localité, et qu'en outre les quatre pour cent prélevés sur le salaire des travailleurs de ces villes, viendront grossir les ressources de ces établissements.

Il crée des hôpitaux dans tous les cantons, et, par suite, pour 100 à 150 millions de travaux.

Il crée une réserve pour les hôpitaux ;

Une réserve pour les travailleurs sans travail.

Il crée à la République une ressource de plus de 480 millions par an, et cela pendant quatre ans, que le gouvernement pourrait employer au rachat des chemins de fer.

Il permet ainsi de diminuer les impôts sur les produits de première nécessité.

Il permet d'espérer que nous ne verrons plus les collisions d'ouvriers et les grèves continuelles de tous les corps d'états, tendant à obtenir des augmentations de salaires, puisque tous les travailleurs auront leur part de la fortune publique.

Et pour réaliser tout cela, je ne demande qu'un sacrifice pendant quatre ans :

> De 5 p. % sur les travaux ordonnés par la République ;
>
> 5 p. % sur les produits industriels, par le consommateur ;
>
> 5 p. % aux agriculteurs, en sus du salaire de leurs travailleurs porteurs de livrets.

Nantes, le 22 mai 1848.

P. POCHET.

Nantes, imp. de VINCENT FOREST, place du Commerce, 1